THIS BOOK BELONGS TO

_____ & _____

BUCKET LISTS IDEA

- [ ] Attend a sports game together
- [ ] Attend a wine tasting
- [ ] Bake together
- [ ] Be on a game show together
- [ ] Build a blanket fort
- [ ] Catch a sunset in Santorini
- [ ] Celebrate New Year together
- [ ] Celebrate Christmas Mas together
- [ ] Charter a yacht
- [ ] Climb a tall mountain
- [ ] Dance till dawn
- [ ] Do skydiving
- [ ] Drive on the other side of the road
- [ ] Eat dinner on a balcony
- [ ] Eat sushi in Japan
- [ ] Eat tapas in Barcelona
- [ ] Experience a total eclipse
- [ ] Explore a rainforest
- [ ] Fly first class
- [ ] Fly in a private jet
- [ ] Get a couple massage
- [ ] Go apple picking or berry picking
- [ ] Go backpacking in Southeast Asia
- [ ] Go bowling

NOTES

BUCKET LISTS IDEA

- Go bungee jumping
- Go deep sea fishing
- Go ice skating
- Go on a cruise
- Go on a Ferris wheel together
- Go on a romantic picnic
- Go on a safari in Africa
- Go on an unforgettable road trip
- Go scuba diving
- Go sledding
- Go snorkeling
- Go to a county fair
- Go to a museum and discuss the
- exhibits
- Go to a tropical paradise together
- Go to concert together
- Go to the North Pole
- Go white-water rafting
- Have a stay-in-bed-all-day weekend
- Host a couples game night
- Paddle a rowboat around a lake
- Play the slot machines in Las Vegas
- Rent an RV
- Ride camels across the Sahara

NOTES

BUCKET LISTS IDEA

- [ ] Ride horses along the beach
- [ ] Ride in a gondola in Venice
- [ ] Ride in a helicopter
- [ ] Ride in a hot air balloon
- [ ] Rock out at a music festival Run a
- [ ] 5k marathon
- [ ] See the pyramids in Egypt
- [ ] See the sunrise from the top of a
- [ ] mountain
- [ ] Share your true feelings
- [ ] Sleep under the stars
- [ ] Soak in Iceland's Blue Lagoon
- [ ] Stand in awe at the Grand Canyon
- [ ] Stay at a quaint bed & breakfast
- [ ] Stay in a super luxurious hotel
- [ ] Stay in a tree house
- [ ] Stay in an ice hotel
- [ ] Stay in an overwater bungalow
- [ ] Stay overnight in a castle
- [ ] Sunbathing in Phuket
- [ ] Swim with wildlife
- [ ] Swing at "the end of the world"
- [ ] Take a boat down the Amazon River
- [ ] Take a cooking class together

NOTES

BUCKET LISTS IDEA

- Throw a coin in the Trevi Fountain
- Visit a seriously cheesy tourist trap....
- like the world's largest ball of twine
- in Kansas, USA
- Visit an ancient city
- Visit an epic waterfall
- Visit Disneyland
- Visit Machu Picchu
- Visit Rio during Carnival
- Volunteer together
- Walk the Great Wall of China
- Watch a stand-up comedy
- performance
- Watch each other's favorite movie
- Write love poems to one another
- --------------------------------
- ....
- --------------------------------
- ....
- --------------------------------
- ....
- --------------------------------
- ....

NOTES

BUCKET LISTS IDEA

BUCKET LISTS IDEA

NOTES

01

LIST NAME: _____

TO BE DONE BY: ___ / ___ / ___

WE WANT TO DO IT BECAUSE _____

_____

IN ORDER TO DO THIS WE HAVE TO _____

_____

LET'S DO THIS!

COMPLETED DATE: ___ / ___ / ___

LOCATION: _____

THE BEST PART OF THIS ARE _____

_____

_____

_____

WHAT WE LEARNED _____

_____

_____

_____

NOTE:

02

LIST NAME: _____

TO BE DONE BY: ___ / ___ / ___

WE WANT TO DO IT BECAUSE _____

_____

IN ORDER TO DO THIS WE HAVE TO _____

_____

LET'S DO THIS! ▷

COMPLETED DATE: ___ / ___ / ___

LOCATION: _____

THE BEST PART OF THIS ARE _____

_____

_____

_____

WHAT WE LEARNED _____

_____

_____

_____

NOTE:

03

LIST NAME: _____

TO BE DONE BY: ___ / ___ / ___

WE WANT TO DO IT BECAUSE _____

_____

IN ORDER TO DO THIS WE HAVE TO _____

_____

LET'S DO THIS!

COMPLETED DATE: ___ / ___ / ___

LOCATION: _____

THE BEST PART OF THIS ARE _____

_____

_____

_____

WHAT WE LEARNED _____

_____

_____

_____

NOTE:

04

LIST NAME: _____

TO BE DONE BY: ___ / ___ / ___

WE WANT TO DO IT BECAUSE _____

_____

IN ORDER TO DO THIS WE HAVE TO _____

_____

LET'S DO THIS!

COMPLETED DATE: ___ / ___ / ___

LOCATION: _____

THE BEST PART OF THIS ARE _____

_____

_____

_____

WHAT WE LEARNED _____

_____

_____

_____

NOTE:

05

LIST NAME: _____

TO BE DONE BY: ___ / ___ / ___

WE WANT TO DO IT BECAUSE _____

_____

IN ORDER TO DO THIS WE HAVE TO _____

_____

LET'S DO THIS!

COMPLETED DATE: ___ / ___ / ___

LOCATION: _____

THE BEST PART OF THIS ARE _____

_____

_____

_____

WHAT WE LEARNED _____

_____

_____

_____

NOTE:

06

LIST NAME: _____

TO BE DONE BY: ___ / ___ / ___

WE WANT TO DO IT BECAUSE _____

_____

IN ORDER TO DO THIS WE HAVE TO _____

_____

LET'S DO THIS!

COMPLETED DATE: ___ / ___ / ___

LOCATION: _____

THE BEST PART OF THIS ARE _____

_____

_____

_____

WHAT WE LEARNED _____

_____

_____

_____

NOTE:

07

LIST NAME: _____

TO BE DONE BY: ___ / ___ / ___

WE WANT TO DO IT BECAUSE _____

_____

IN ORDER TO DO THIS WE HAVE TO _____

_____

LET'S DO THIS!

COMPLETED DATE: ___ / ___ / ___

LOCATION: _____

THE BEST PART OF THIS ARE _____

_____

_____

_____

WHAT WE LEARNED _____

_____

_____

_____

NOTE:

08

LIST NAME: _____

TO BE DONE BY: ___ / ___ / ___

WE WANT TO DO IT BECAUSE _____

_____

IN ORDER TO DO THIS WE HAVE TO _____

_____

LET'S DO THIS!

COMPLETED DATE: ___ / ___ / ___

LOCATION: _____

THE BEST PART OF THIS ARE _____

_____

_____

_____

WHAT WE LEARNED _____

_____

_____

NOTE:

09

LIST NAME: _____

TO BE DONE BY: ___ / ___ / ___

WE WANT TO DO IT BECAUSE _____

_____

IN ORDER TO DO THIS WE HAVE TO _____

_____

LET'S DO THIS!

COMPLETED DATE: ___ / ___ / ___

LOCATION: _____

THE BEST PART OF THIS ARE _____

_____

_____

_____

WHAT WE LEARNED _____

_____

_____

_____

NOTE:

10

LIST NAME: _____

TO BE DONE BY: ___ / ___ / ___

WE WANT TO DO IT BECAUSE _____
_____

IN ORDER TO DO THIS WE HAVE TO _____
_____

LET'S DO THIS! →

COMPLETED DATE: ___ / ___ / ___

LOCATION: _____

THE BEST PART OF THIS ARE _____
_____
_____
_____

WHAT WE LEARNED _____
_____
_____
_____

NOTE:

11

LIST NAME: _____

TO BE DONE BY: ___ / ___ / ___

WE WANT TO DO IT BECAUSE _____

_____

IN ORDER TO DO THIS WE HAVE TO _____

_____

LET'S DO THIS!

COMPLETED DATE: ___ / ___ / ___

LOCATION: _____

THE BEST PART OF THIS ARE _____

_____

_____

_____

WHAT WE LEARNED _____

_____

_____

_____

NOTE:

12

LIST NAME: _____

TO BE DONE BY: ___ / ___ / ___

WE WANT TO DO IT BECAUSE _____

_____

IN ORDER TO DO THIS WE HAVE TO _____

_____

LET'S DO THIS!

COMPLETED DATE: ___ / ___ / ___

LOCATION: _____

THE BEST PART OF THIS ARE _____

_____

_____

_____

WHAT WE LEARNED _____

_____

_____

_____

NOTE:

13

LIST NAME: _____

TO BE DONE BY: ___ / ___ / ___

WE WANT TO DO IT BECAUSE _____

_____

IN ORDER TO DO THIS WE HAVE TO _____

_____

LET'S DO THIS!

COMPLETED DATE: ___ / ___ / ___

LOCATION: _____

THE BEST PART OF THIS ARE _____

_____

_____

_____

WHAT WE LEARNED _____

_____

_____

_____

NOTE:

14

LIST NAME: _____

TO BE DONE BY: ___ / ___ / ___

WE WANT TO DO IT BECAUSE _____

_____

IN ORDER TO DO THIS WE HAVE TO _____

_____

LET'S DO THIS!

COMPLETED DATE: ___ / ___ / ___

LOCATION: _____

THE BEST PART OF THIS ARE _____

_____

_____

_____

WHAT WE LEARNED _____

_____

_____

_____

NOTE:

15

LIST NAME: _____

TO BE DONE BY: ___ / ___ / ___

WE WANT TO DO IT BECAUSE _____

_____

IN ORDER TO DO THIS WE HAVE TO _____

_____

LET'S DO THIS!

COMPLETED DATE: ___ / ___ / ___

LOCATION: _____

THE BEST PART OF THIS ARE _____

_____

_____

_____

WHAT WE LEARNED _____

_____

_____

_____

NOTE:

16

LIST NAME: _____

TO BE DONE BY: ___ / ___ / ___

WE WANT TO DO IT BECAUSE _____

_____

IN ORDER TO DO THIS WE HAVE TO _____

_____

LET'S DO THIS!

COMPLETED DATE: ___ / ___ / ___

LOCATION: _____

THE BEST PART OF THIS ARE _____

_____

_____

_____

WHAT WE LEARNED _____

_____

_____

_____

NOTE:

17

LIST NAME: _____

TO BE DONE BY: ___ / ___ / ___

WE WANT TO DO IT BECAUSE _____

_____

IN ORDER TO DO THIS WE HAVE TO _____

_____

LET'S DO THIS!

COMPLETED DATE: ___ / ___ / ___

LOCATION: _____

THE BEST PART OF THIS ARE _____

_____

_____

_____

WHAT WE LEARNED _____

_____

_____

_____

NOTE:

18

LIST NAME: _____

TO BE DONE BY: ___ / ___ / ___

WE WANT TO DO IT BECAUSE _____
_____

IN ORDER TO DO THIS WE HAVE TO _____
_____

LET'S DO THIS!

COMPLETED DATE: ___ / ___ / ___

LOCATION: _____

THE BEST PART OF THIS ARE _____
_____
_____
_____

WHAT WE LEARNED _____
_____
_____
_____

NOTE:

19

LIST NAME: _____

TO BE DONE BY: ___ / ___ / ___

WE WANT TO DO IT BECAUSE _____

_____

IN ORDER TO DO THIS WE HAVE TO _____

_____

LET'S DO THIS!

COMPLETED DATE: ___ / ___ / ___

LOCATION: _____

THE BEST PART OF THIS ARE _____

_____

_____

_____

WHAT WE LEARNED _____

_____

_____

_____

NOTE:

20

LIST NAME: _____

TO BE DONE BY: ___ / ___ / ___

WE WANT TO DO IT BECAUSE _____

_____

IN ORDER TO DO THIS WE HAVE TO _____

_____

LET'S DO THIS!

COMPLETED DATE: ___ / ___ / ___

LOCATION: _____

THE BEST PART OF THIS ARE _____

_____

_____

_____

WHAT WE LEARNED _____

_____

_____

_____

NOTE:

21

LIST NAME: _____

TO BE DONE BY: ___ / ___ / ___

WE WANT TO DO IT BECAUSE _____

_____

IN ORDER TO DO THIS WE HAVE TO _____

_____

LET'S DO THIS!

COMPLETED DATE: ___ / ___ / ___

LOCATION: _____

THE BEST PART OF THIS ARE _____

_____

_____

_____

WHAT WE LEARNED _____

_____

_____

_____

NOTE:

22

LIST NAME: _____

TO BE DONE BY: ___ / ___ / ___

WE WANT TO DO IT BECAUSE _____

_____

IN ORDER TO DO THIS WE HAVE TO _____

_____

LET'S DO THIS!

COMPLETED DATE: ___ / ___ / ___

LOCATION: _____

THE BEST PART OF THIS ARE _____

_____

_____

_____

WHAT WE LEARNED _____

_____

_____

_____

NOTE:

23

LIST NAME: _____

TO BE DONE BY: ___ / ___ / ___

WE WANT TO DO IT BECAUSE _____

_____

IN ORDER TO DO THIS WE HAVE TO _____

_____

LET'S DO THIS!

COMPLETED DATE: ___ / ___ / ___

LOCATION: _____

THE BEST PART OF THIS ARE _____

_____

_____

_____

WHAT WE LEARNED _____

_____

_____

_____

NOTE:

24

LIST NAME: _____

TO BE DONE BY: ___ / ___ / ___

WE WANT TO DO IT BECAUSE _____

_____

IN ORDER TO DO THIS WE HAVE TO _____

_____

LET'S DO THIS!

COMPLETED DATE: ___ / ___ / ___

LOCATION: _____

THE BEST PART OF THIS ARE _____

_____

_____

_____

WHAT WE LEARNED _____

_____

_____

_____

NOTE:

25

LIST NAME: _____

TO BE DONE BY: ___ / ___ / ___

WE WANT TO DO IT BECAUSE _____

_____

IN ORDER TO DO THIS WE HAVE TO _____

_____

LET'S DO THIS!

COMPLETED DATE: ___ / ___ / ___

LOCATION: _____

THE BEST PART OF THIS ARE _____

_____

_____

_____

WHAT WE LEARNED _____

_____

_____

_____

NOTE:

26

LIST NAME: _____

TO BE DONE BY: ___ / ___ / ___

WE WANT TO DO IT BECAUSE _____

_____

IN ORDER TO DO THIS WE HAVE TO _____

_____

LET'S DO THIS!

COMPLETED DATE: ___ / ___ / ___

LOCATION: _____

THE BEST PART OF THIS ARE _____

_____

_____

_____

WHAT WE LEARNED _____

_____

_____

_____

NOTE:

27

LIST NAME: _____

TO BE DONE BY: ___ / ___ / ___

WE WANT TO DO IT BECAUSE _____

_____

IN ORDER TO DO THIS WE HAVE TO _____

_____

LET'S DO THIS!

COMPLETED DATE: ___ / ___ / ___

LOCATION: _____

THE BEST PART OF THIS ARE _____

_____

_____

_____

WHAT WE LEARNED _____

_____

_____

_____

NOTE:

28

LIST NAME: _____

TO BE DONE BY: ___ / ___ / ___

WE WANT TO DO IT BECAUSE _____

_____

IN ORDER TO DO THIS WE HAVE TO _____

_____

LET'S DO THIS!

COMPLETED DATE: ___ / ___ / ___

LOCATION: _____

THE BEST PART OF THIS ARE _____

_____

_____

_____

WHAT WE LEARNED _____

_____

_____

_____

NOTE:

29

LIST NAME: _____

TO BE DONE BY: ___ / ___ / ___

WE WANT TO DO IT BECAUSE _____

_____

IN ORDER TO DO THIS WE HAVE TO _____

_____

LET'S DO THIS!

COMPLETED DATE: ___ / ___ / ___

LOCATION: _____

THE BEST PART OF THIS ARE _____

_____

_____

_____

WHAT WE LEARNED _____

_____

_____

_____

NOTE:

30

LIST NAME: _____

TO BE DONE BY: ___ / ___ / ___

WE WANT TO DO IT BECAUSE _____

_____

IN ORDER TO DO THIS WE HAVE TO _____

_____

LET'S DO THIS!

COMPLETED DATE: ___ / ___ / ___

LOCATION: _____

THE BEST PART OF THIS ARE _____

_____

_____

_____

WHAT WE LEARNED _____

_____

_____

_____

NOTE:

31

LIST NAME: _____

TO BE DONE BY: ___ / ___ / ___

WE WANT TO DO IT BECAUSE _____

_____

IN ORDER TO DO THIS WE HAVE TO _____

_____

LET'S DO THIS!

COMPLETED DATE: ___ / ___ / ___

LOCATION: _____

THE BEST PART OF THIS ARE _____

_____

_____

_____

WHAT WE LEARNED _____

_____

_____

_____

NOTE:

32

LIST NAME: _____

TO BE DONE BY: ___ / ___ / ___

WE WANT TO DO IT BECAUSE _____

_____

IN ORDER TO DO THIS WE HAVE TO _____

_____

LET'S DO THIS! →

COMPLETED DATE: ___ / ___ / ___

LOCATION: _____

THE BEST PART OF THIS ARE _____

_____

_____

_____

WHAT WE LEARNED _____

_____

_____

_____

NOTE:

33

LIST NAME: _____

TO BE DONE BY: ___ / ___ / ___

WE WANT TO DO IT BECAUSE _____

_____

IN ORDER TO DO THIS WE HAVE TO _____

_____

LET'S DO THIS!

COMPLETED DATE: ___ / ___ / ___

LOCATION: _____

THE BEST PART OF THIS ARE _____

_____

_____

_____

WHAT WE LEARNED _____

_____

_____

_____

NOTE:

34

LIST NAME: _____

TO BE DONE BY: ___ / ___ / ___

WE WANT TO DO IT BECAUSE _____

_____

IN ORDER TO DO THIS WE HAVE TO _____

_____

LET'S DO THIS!

COMPLETED DATE: ___ / ___ / ___

LOCATION: _____

THE BEST PART OF THIS ARE _____

_____

_____

_____

WHAT WE LEARNED _____

_____

_____

_____

NOTE:

35

LIST NAME: _____

TO BE DONE BY: ___ / ___ / ___

WE WANT TO DO IT BECAUSE _____

_____

IN ORDER TO DO THIS WE HAVE TO _____

_____

LET'S DO THIS!

COMPLETED DATE: ___ / ___ / ___

LOCATION: _____

THE BEST PART OF THIS ARE _____

_____

_____

_____

WHAT WE LEARNED _____

_____

_____

_____

NOTE:

36

LIST NAME: _____

TO BE DONE BY: ___ / ___ / ___

WE WANT TO DO IT BECAUSE _____

_____

IN ORDER TO DO THIS WE HAVE TO _____

_____

LET'S DO THIS!

COMPLETED DATE: ___ / ___ / ___

LOCATION: _____

THE BEST PART OF THIS ARE _____

_____

_____

_____

WHAT WE LEARNED _____

_____

_____

_____

NOTE:

37

LIST NAME: _____

TO BE DONE BY: ___ / ___ / ___

WE WANT TO DO IT BECAUSE _____

_____

IN ORDER TO DO THIS WE HAVE TO _____

_____

LET'S DO THIS!

COMPLETED DATE: ___ / ___ / ___

LOCATION: _____

THE BEST PART OF THIS ARE _____

_____

_____

_____

WHAT WE LEARNED _____

_____

_____

_____

NOTE:

38

LIST NAME: _____

TO BE DONE BY: ___ / ___ / ___

WE WANT TO DO IT BECAUSE _____
_____

IN ORDER TO DO THIS WE HAVE TO _____
_____

LET'S DO THIS!

COMPLETED DATE: ___ / ___ / ___

LOCATION: _____

THE BEST PART OF THIS ARE _____
_____
_____
_____

WHAT WE LEARNED _____
_____
_____
_____

NOTE:

39

LIST NAME: _____

TO BE DONE BY: ___ / ___ / ___

WE WANT TO DO IT BECAUSE _____

_____

IN ORDER TO DO THIS WE HAVE TO _____

_____

LET'S DO THIS!

COMPLETED DATE: ___ / ___ / ___

LOCATION: _____

THE BEST PART OF THIS ARE _____

_____

_____

_____

WHAT WE LEARNED _____

_____

_____

_____

NOTE:

40

LIST NAME: _____

TO BE DONE BY: ___ / ___ / ___

WE WANT TO DO IT BECAUSE _____

_____

IN ORDER TO DO THIS WE HAVE TO _____

_____

LET'S DO THIS!

COMPLETED DATE: ___ / ___ / ___

LOCATION: _____

THE BEST PART OF THIS ARE _____

_____

_____

_____

WHAT WE LEARNED _____

_____

_____

_____

NOTE:

41

LIST NAME: _____

TO BE DONE BY: ___ / ___ / ___

WE WANT TO DO IT BECAUSE _____
_____

IN ORDER TO DO THIS WE HAVE TO _____
_____

LET'S DO THIS!

COMPLETED DATE: ___ / ___ / ___

LOCATION: _____

THE BEST PART OF THIS ARE _____
_____
_____
_____

WHAT WE LEARNED _____
_____
_____
_____

NOTE:

42

LIST NAME: _____

TO BE DONE BY: ___ / ___ / ___

WE WANT TO DO IT BECAUSE _____

_____

IN ORDER TO DO THIS WE HAVE TO _____

_____

LET'S DO THIS!

COMPLETED DATE: ___ / ___ / ___

LOCATION: _____

THE BEST PART OF THIS ARE _____

_____

_____

_____

WHAT WE LEARNED _____

_____

_____

_____

NOTE:

43

LIST NAME: _____

TO BE DONE BY: ___ / ___ / ___

WE WANT TO DO IT BECAUSE _____

_____

IN ORDER TO DO THIS WE HAVE TO _____

_____

LET'S DO THIS!

COMPLETED DATE: ___ / ___ / ___

LOCATION: _____

THE BEST PART OF THIS ARE _____

_____

_____

_____

WHAT WE LEARNED _____

_____

_____

_____

NOTE:

44

LIST NAME: _____

TO BE DONE BY: ___ / ___ / ___

WE WANT TO DO IT BECAUSE _____
_____

IN ORDER TO DO THIS WE HAVE TO _____
_____

LET'S DO THIS!

COMPLETED DATE: ___ / ___ / ___

LOCATION: _____

THE BEST PART OF THIS ARE _____
_____
_____
_____

WHAT WE LEARNED _____
_____
_____
_____

NOTE:

45

LIST NAME: _____

TO BE DONE BY: ___ / ___ / ___

WE WANT TO DO IT BECAUSE _____
_____

IN ORDER TO DO THIS WE HAVE TO _____
_____

LET'S DO THIS!

COMPLETED DATE: ___ / ___ / ___

LOCATION: _____

THE BEST PART OF THIS ARE _____
_____
_____
_____

WHAT WE LEARNED _____
_____
_____
_____

NOTE:

46

LIST NAME: _____

TO BE DONE BY: ___ / ___ / ___

WE WANT TO DO IT BECAUSE _____

_____

IN ORDER TO DO THIS WE HAVE TO _____

_____

LET'S DO THIS!

COMPLETED DATE: ___ / ___ / ___

LOCATION: _____

THE BEST PART OF THIS ARE _____

_____

_____

_____

WHAT WE LEARNED _____

_____

_____

_____

NOTE:

47

LIST NAME: _____

TO BE DONE BY: ___ / ___ / ___

WE WANT TO DO IT BECAUSE _____

_____

IN ORDER TO DO THIS WE HAVE TO _____

_____

LET'S DO THIS!

COMPLETED DATE: ___ / ___ / ___

LOCATION: _____

THE BEST PART OF THIS ARE _____

_____

_____

_____

WHAT WE LEARNED _____

_____

_____

_____

NOTE:

48

LIST NAME: _____

TO BE DONE BY: ___ / ___ / ___

WE WANT TO DO IT BECAUSE _____

_____

IN ORDER TO DO THIS WE HAVE TO _____

_____

LET'S DO THIS!

COMPLETED DATE: ___ / ___ / ___

LOCATION: _____

THE BEST PART OF THIS ARE _____

_____

_____

_____

WHAT WE LEARNED _____

_____

_____

_____

NOTE:

49

LIST NAME: _____

TO BE DONE BY: ___ / ___ / ___

WE WANT TO DO IT BECAUSE _____
_____

IN ORDER TO DO THIS WE HAVE TO _____
_____

LET'S DO THIS!

COMPLETED DATE: ___ / ___ / ___

LOCATION: _____

THE BEST PART OF THIS ARE _____
_____
_____
_____

WHAT WE LEARNED _____
_____
_____
_____

NOTE:

50

LIST NAME: _____

TO BE DONE BY: ___ / ___ / ___

WE WANT TO DO IT BECAUSE _____

_____

IN ORDER TO DO THIS WE HAVE TO _____

_____

LET'S DO THIS!

COMPLETED DATE: ___ / ___ / ___

LOCATION: _____

THE BEST PART OF THIS ARE _____

_____

_____

_____

WHAT WE LEARNED _____

_____

_____

_____

NOTE:

51

LIST NAME: _____

TO BE DONE BY: ___ / ___ / ___

WE WANT TO DO IT BECAUSE _____

_____

IN ORDER TO DO THIS WE HAVE TO _____

_____

LET'S DO THIS!

COMPLETED DATE: ___ / ___ / ___

LOCATION: _____

THE BEST PART OF THIS ARE _____

_____

_____

_____

WHAT WE LEARNED _____

_____

_____

_____

NOTE:

52

LIST NAME: _____

TO BE DONE BY: ___ / ___ / ___

WE WANT TO DO IT BECAUSE _____

_____

IN ORDER TO DO THIS WE HAVE TO _____

_____

LET'S DO THIS!

COMPLETED DATE: ___ / ___ / ___

LOCATION: _____

THE BEST PART OF THIS ARE _____

_____

_____

_____

WHAT WE LEARNED _____

_____

_____

_____

NOTE:

53

LIST NAME: _____

TO BE DONE BY: ___ / ___ / ___

WE WANT TO DO IT BECAUSE _____

_____

IN ORDER TO DO THIS WE HAVE TO _____

_____

LET'S DO THIS!

COMPLETED DATE: ___ / ___ / ___

LOCATION: _____

THE BEST PART OF THIS ARE _____

_____

_____

_____

WHAT WE LEARNED _____

_____

_____

_____

NOTE:

54

LIST NAME: _____

TO BE DONE BY: ___ / ___ / ___

WE WANT TO DO IT BECAUSE _____

_____

IN ORDER TO DO THIS WE HAVE TO _____

_____

LET'S DO THIS!

COMPLETED DATE: ___ / ___ / ___

LOCATION: _____

THE BEST PART OF THIS ARE _____

_____

_____

_____

WHAT WE LEARNED _____

_____

_____

_____

NOTE:

55

LIST NAME: _____

TO BE DONE BY: ___ / ___ / ___

WE WANT TO DO IT BECAUSE _____

_____

IN ORDER TO DO THIS WE HAVE TO _____

_____

LET'S DO THIS!

COMPLETED DATE: ___ / ___ / ___

LOCATION: _____

THE BEST PART OF THIS ARE _____

_____

_____

_____

WHAT WE LEARNED _____

_____

_____

_____

NOTE:

56

LIST NAME: _____

TO BE DONE BY: ___ / ___ / ___

WE WANT TO DO IT BECAUSE _____
_____

IN ORDER TO DO THIS WE HAVE TO _____
_____

LET'S DO THIS! ➤

COMPLETED DATE: ___ / ___ / ___

LOCATION: _____

THE BEST PART OF THIS ARE _____
_____
_____
_____

WHAT WE LEARNED _____
_____
_____
_____

NOTE:

57

LIST NAME: _____

TO BE DONE BY: ___ / ___ / ___

WE WANT TO DO IT BECAUSE _____
_____

IN ORDER TO DO THIS WE HAVE TO _____
_____

LET'S DO THIS! ⟩

COMPLETED DATE: ___ / ___ / ___

LOCATION: _____

THE BEST PART OF THIS ARE _____
_____
_____
_____

WHAT WE LEARNED _____
_____
_____
_____

NOTE:

58

LIST NAME: _____

TO BE DONE BY: ___ / ___ / ___

WE WANT TO DO IT BECAUSE _____

_____

IN ORDER TO DO THIS WE HAVE TO _____

_____

LET'S DO THIS!

COMPLETED DATE: ___ / ___ / ___

LOCATION: _____

THE BEST PART OF THIS ARE _____

_____

_____

_____

WHAT WE LEARNED _____

_____

_____

_____

NOTE:

59

LIST NAME: _____

TO BE DONE BY: ___ / ___ / ___

WE WANT TO DO IT BECAUSE _____

_____

IN ORDER TO DO THIS WE HAVE TO _____

_____

LET'S DO THIS!

COMPLETED DATE: ___ / ___ / ___

LOCATION: _____

THE BEST PART OF THIS ARE _____

_____

_____

_____

WHAT WE LEARNED _____

_____

_____

_____

NOTE:

60

LIST NAME: _____

TO BE DONE BY: ___ / ___ / ___

WE WANT TO DO IT BECAUSE _____

_____

IN ORDER TO DO THIS WE HAVE TO _____

_____

LET'S DO THIS!

COMPLETED DATE: ___ / ___ / ___

LOCATION: _____

THE BEST PART OF THIS ARE _____

_____

_____

_____

WHAT WE LEARNED _____

_____

_____

_____

NOTE:

61

LIST NAME: _____

TO BE DONE BY: ___ / ___ / ___

WE WANT TO DO IT BECAUSE _____

_____

IN ORDER TO DO THIS WE HAVE TO _____

_____

LET'S DO THIS!

COMPLETED DATE: ___ / ___ / ___

LOCATION: _____

THE BEST PART OF THIS ARE _____

_____

_____

_____

WHAT WE LEARNED _____

_____

_____

_____

NOTE:

62

LIST NAME: _____

TO BE DONE BY: ___ / ___ / ___

WE WANT TO DO IT BECAUSE _____

_____

IN ORDER TO DO THIS WE HAVE TO _____

_____

LET'S DO THIS!

COMPLETED DATE: ___ / ___ / ___

LOCATION: _____

THE BEST PART OF THIS ARE _____

_____

_____

_____

WHAT WE LEARNED _____

_____

_____

_____

NOTE:

63

LIST NAME: _____

·TO BE DONE BY: ___ / ___ / ___

WE WANT TO DO IT BECAUSE _____
_____

IN ORDER TO DO THIS WE HAVE TO _____
_____

LET'S DO THIS!

COMPLETED DATE: ___ / ___ / ___

LOCATION: _____

THE BEST PART OF THIS ARE _____
_____
_____
_____

WHAT WE LEARNED _____
_____
_____
_____

NOTE:

64

LIST NAME: _____

TO BE DONE BY: ___ / ___ / ___

WE WANT TO DO IT BECAUSE _____

_____

IN ORDER TO DO THIS WE HAVE TO _____

_____

LET'S DO THIS! ⟶

COMPLETED DATE: ___ / ___ / ___

LOCATION: _____

THE BEST PART OF THIS ARE _____

_____

_____

_____

WHAT WE LEARNED _____

_____

_____

_____

NOTE:

65

LIST NAME: _____

TO BE DONE BY: ___ / ___ / ___

WE WANT TO DO IT BECAUSE _____

_____

IN ORDER TO DO THIS WE HAVE TO _____

_____

LET'S DO THIS!

COMPLETED DATE: ___ / ___ / ___

LOCATION: _____

THE BEST PART OF THIS ARE _____

_____

_____

_____

WHAT WE LEARNED _____

_____

_____

_____

NOTE:

66

LIST NAME: _____

TO BE DONE BY: ___ / ___ / ___

WE WANT TO DO IT BECAUSE _____

_____

IN ORDER TO DO THIS WE HAVE TO _____

_____

LET'S DO THIS!

COMPLETED DATE: ___ / ___ / ___

LOCATION: _____

THE BEST PART OF THIS ARE _____

_____

_____

_____

WHAT WE LEARNED _____

_____

_____

_____

NOTE:

67

LIST NAME: _____

TO BE DONE BY: ___ / ___ / ___

WE WANT TO DO IT BECAUSE _____
_____

IN ORDER TO DO THIS WE HAVE TO _____
_____

LET'S DO THIS!

COMPLETED DATE: ___ / ___ / ___

LOCATION: _____

THE BEST PART OF THIS ARE _____
_____
_____
_____

WHAT WE LEARNED _____
_____
_____
_____

NOTE:

68

LIST NAME: _____

TO BE DONE BY: ___ / ___ / ___

WE WANT TO DO IT BECAUSE _____

_____

IN ORDER TO DO THIS WE HAVE TO _____

_____

LET'S DO THIS!

COMPLETED DATE: ___ / ___ / ___

LOCATION: _____

THE BEST PART OF THIS ARE _____

_____

_____

_____

WHAT WE LEARNED _____

_____

_____

_____

NOTE:

69

LIST NAME: _____

TO BE DONE BY: ___ / ___ / ___

WE WANT TO DO IT BECAUSE _____

_____

IN ORDER TO DO THIS WE HAVE TO _____

_____

LET'S DO THIS!

COMPLETED DATE: ___ / ___ / ___

LOCATION: _____

THE BEST PART OF THIS ARE _____

_____

_____

_____

WHAT WE LEARNED _____

_____

_____

_____

NOTE:

70

LIST NAME: _____

TO BE DONE BY: ___ / ___ / ___

WE WANT TO DO IT BECAUSE _____

_____

IN ORDER TO DO THIS WE HAVE TO _____

_____

LET'S DO THIS!

COMPLETED DATE: ___ / ___ / ___

LOCATION: _____

THE BEST PART OF THIS ARE _____

_____

_____

_____

WHAT WE LEARNED _____

_____

_____

_____

NOTE:

71

LIST NAME: _____

TO BE DONE BY: ___ / ___ / ___

WE WANT TO DO IT BECAUSE _____
_____

IN ORDER TO DO THIS WE HAVE TO _____
_____

LET'S DO THIS!

COMPLETED DATE: ___ / ___ / ___

LOCATION: _____

THE BEST PART OF THIS ARE _____
_____
_____
_____

WHAT WE LEARNED _____
_____
_____
_____

NOTE:

72

LIST NAME: _____

TO BE DONE BY: ___ / ___ / ___

WE WANT TO DO IT BECAUSE _____

_____

IN ORDER TO DO THIS WE HAVE TO _____

_____

LET'S DO THIS! ➤

COMPLETED DATE: ___ / ___ / ___

LOCATION: _____

THE BEST PART OF THIS ARE _____

_____

_____

_____

WHAT WE LEARNED _____

_____

_____

_____

NOTE:

73

LIST NAME: _____

TO BE DONE BY: ___ / ___ / ___

WE WANT TO DO IT BECAUSE _____

_____

IN ORDER TO DO THIS WE HAVE TO _____

_____

LET'S DO THIS!

COMPLETED DATE: ___ / ___ / ___

LOCATION: _____

THE BEST PART OF THIS ARE _____

_____

_____

_____

WHAT WE LEARNED _____

_____

_____

_____

NOTE:

74

LIST NAME: _____

TO BE DONE BY: ___ / ___ / ___

WE WANT TO DO IT BECAUSE _____

_____

IN ORDER TO DO THIS WE HAVE TO _____

_____

LET'S DO THIS!

COMPLETED DATE: ___ / ___ / ___

LOCATION: _____

THE BEST PART OF THIS ARE _____

_____

_____

_____

WHAT WE LEARNED _____

_____

_____

_____

NOTE:

75

LIST NAME: _____

TO BE DONE BY: ___ / ___ / ___

WE WANT TO DO IT BECAUSE _____

_____

IN ORDER TO DO THIS WE HAVE TO _____

_____

LET'S DO THIS!

COMPLETED DATE: ___ / ___ / ___

LOCATION: _____

THE BEST PART OF THIS ARE _____

_____

_____

_____

WHAT WE LEARNED _____

_____

_____

_____

NOTE:

76

LIST NAME: _____

TO BE DONE BY: ___ / ___ / ___

WE WANT TO DO IT BECAUSE _____

_____

IN ORDER TO DO THIS WE HAVE TO _____

_____

LET'S DO THIS!

COMPLETED DATE: ___ / ___ / ___

LOCATION: _____

THE BEST PART OF THIS ARE _____

_____

_____

_____

WHAT WE LEARNED _____

_____

_____

_____

NOTE:

77

LIST NAME: _____

TO BE DONE BY: ___ / ___ / ___

WE WANT TO DO IT BECAUSE _____
_____

IN ORDER TO DO THIS WE HAVE TO _____
_____

LET'S DO THIS!

COMPLETED DATE: ___ / ___ / ___

LOCATION: _____

THE BEST PART OF THIS ARE _____
_____
_____
_____

WHAT WE LEARNED _____
_____
_____
_____

NOTE:

78

LIST NAME: _____

TO BE DONE BY: ___ / ___ / ___

WE WANT TO DO IT BECAUSE _____

_____

IN ORDER TO DO THIS WE HAVE TO _____

_____

LET'S DO THIS!

COMPLETED DATE: ___ / ___ / ___

LOCATION: _____

THE BEST PART OF THIS ARE _____

_____

_____

_____

WHAT WE LEARNED _____

_____

_____

_____

NOTE:

79

LIST NAME: _____

TO BE DONE BY: ___ / ___ / ___

WE WANT TO DO IT BECAUSE _____

_____

IN ORDER TO DO THIS WE HAVE TO _____

_____

LET'S DO THIS!

COMPLETED DATE: ___ / ___ / ___

LOCATION: _____

THE BEST PART OF THIS ARE _____

_____

_____

_____

WHAT WE LEARNED _____

_____

_____

_____

NOTE:

80

LIST NAME: _____

TO BE DONE BY: ___ / ___ / ___

WE WANT TO DO IT BECAUSE _____

_____

IN ORDER TO DO THIS WE HAVE TO _____

_____

LET'S DO THIS!

COMPLETED DATE: ___ / ___ / ___

LOCATION: _____

THE BEST PART OF THIS ARE _____

_____

_____

_____

WHAT WE LEARNED _____

_____

_____

_____

NOTE:

81

LIST NAME: _____

TO BE DONE BY: ___ / ___ / ___

WE WANT TO DO IT BECAUSE _____

_____

IN ORDER TO DO THIS WE HAVE TO _____

_____

LET'S DO THIS!

COMPLETED DATE: ___ / ___ / ___

LOCATION: _____

THE BEST PART OF THIS ARE _____

_____

_____

_____

WHAT WE LEARNED _____

_____

_____

_____

NOTE:

82

LIST NAME: _____

TO BE DONE BY: ___ / ___ / ___

WE WANT TO DO IT BECAUSE _____

_____

IN ORDER TO DO THIS WE HAVE TO _____

_____

LET'S DO THIS!

COMPLETED DATE: ___ / ___ / ___

LOCATION: _____

THE BEST PART OF THIS ARE _____

_____

_____

_____

WHAT WE LEARNED _____

_____

_____

_____

NOTE:

83

LIST NAME: _____

TO BE DONE BY: ___ / ___ / ___

WE WANT TO DO IT BECAUSE _____

_____

IN ORDER TO DO THIS WE HAVE TO _____

_____

LET'S DO THIS!

COMPLETED DATE: ___ / ___ / ___

LOCATION: _____

THE BEST PART OF THIS ARE _____

_____

_____

_____

WHAT WE LEARNED _____

_____

_____

_____

NOTE:

84

LIST NAME: _____

TO BE DONE BY: ___ / ___ / ___

WE WANT TO DO IT BECAUSE _____

_____

IN ORDER TO DO THIS WE HAVE TO _____

_____

LET'S DO THIS! ⟩

COMPLETED DATE: ___ / ___ / ___

LOCATION: _____

THE BEST PART OF THIS ARE _____

_____

_____

_____

WHAT WE LEARNED _____

_____

_____

_____

NOTE:

85

LIST NAME: _____

TO BE DONE BY: ___ / ___ / ___

WE WANT TO DO IT BECAUSE _____

_____

IN ORDER TO DO THIS WE HAVE TO _____

_____

LET'S DO THIS! ⟩

COMPLETED DATE: ___ / ___ / ___

LOCATION: _____

THE BEST PART OF THIS ARE _____

_____

_____

_____

WHAT WE LEARNED _____

_____

_____

_____

NOTE:

86

LIST NAME: _____

TO BE DONE BY: ___ / ___ / ___

WE WANT TO DO IT BECAUSE _____

_____

IN ORDER TO DO THIS WE HAVE TO _____

_____

LET'S DO THIS!

COMPLETED DATE: ___ / ___ / ___

LOCATION: _____

THE BEST PART OF THIS ARE _____

_____

_____

_____

WHAT WE LEARNED _____

_____

_____

_____

NOTE:

87

LIST NAME: _____

TO BE DONE BY: ___ / ___ / ___

WE WANT TO DO IT BECAUSE _____

_____

IN ORDER TO DO THIS WE HAVE TO _____

_____

LET'S DO THIS!

COMPLETED DATE: ___ / ___ / ___

LOCATION: _____

THE BEST PART OF THIS ARE _____

_____

_____

_____

WHAT WE LEARNED _____

_____

_____

_____

NOTE:

88

LIST NAME: _____

TO BE DONE BY: ___ / ___ / ___

WE WANT TO DO IT BECAUSE _____

_____

IN ORDER TO DO THIS WE HAVE TO _____

_____

LET'S DO THIS!

COMPLETED DATE: ___ / ___ / ___

LOCATION: _____

THE BEST PART OF THIS ARE _____

_____

_____

_____

WHAT WE LEARNED _____

_____

_____

_____

NOTE:

89

LIST NAME: _____

TO BE DONE BY: ___ / ___ / ___

WE WANT TO DO IT BECAUSE _____
_____

IN ORDER TO DO THIS WE HAVE TO _____
_____

LET'S DO THIS! ➤

COMPLETED DATE: ___ / ___ / ___

LOCATION: _____

THE BEST PART OF THIS ARE _____
_____
_____
_____

WHAT WE LEARNED _____
_____
_____
_____

NOTE:

90

LIST NAME: _____

TO BE DONE BY: ___ / ___ / ___

WE WANT TO DO IT BECAUSE _____

_____

IN ORDER TO DO THIS WE HAVE TO _____

_____

LET'S DO THIS!

COMPLETED DATE: ___ / ___ / ___

LOCATION: _____

THE BEST PART OF THIS ARE _____

_____

_____

_____

WHAT WE LEARNED _____

_____

_____

_____

NOTE:

91

LIST NAME: _____

TO BE DONE BY: ___ / ___ / ___

WE WANT TO DO IT BECAUSE _____
_____

IN ORDER TO DO THIS WE HAVE TO _____
_____

LET'S DO THIS!

COMPLETED DATE: ___ / ___ / ___

LOCATION: _____

THE BEST PART OF THIS ARE _____
_____
_____
_____

WHAT WE LEARNED _____
_____
_____
_____

NOTE:

92

LIST NAME: _____

TO BE DONE BY: ___ / ___ / ___

WE WANT TO DO IT BECAUSE _____

_____

IN ORDER TO DO THIS WE HAVE TO _____

_____

LET'S DO THIS!

COMPLETED DATE: ___ / ___ / ___

LOCATION: _____

THE BEST PART OF THIS ARE _____

_____

_____

_____

WHAT WE LEARNED _____

_____

_____

_____

NOTE:

93

LIST NAME: _____

TO BE DONE BY: ___ / ___ / ___

WE WANT TO DO IT BECAUSE _____

_____

IN ORDER TO DO THIS WE HAVE TO _____

_____

LET'S DO THIS!

COMPLETED DATE: ___ / ___ / ___

LOCATION: _____

THE BEST PART OF THIS ARE _____

_____

_____

_____

WHAT WE LEARNED _____

_____

_____

_____

NOTE:

94

LIST NAME: _____

TO BE DONE BY: ___ / ___ / ___

WE WANT TO DO IT BECAUSE _____

_____

IN ORDER TO DO THIS WE HAVE TO _____

_____

LET'S DO THIS!

COMPLETED DATE: ___ / ___ / ___

LOCATION: _____

THE BEST PART OF THIS ARE _____

_____

_____

_____

WHAT WE LEARNED _____

_____

_____

_____

NOTE:

95

LIST NAME: _____

TO BE DONE BY: ___ / ___ / ___

WE WANT TO DO IT BECAUSE _____

_____

IN ORDER TO DO THIS WE HAVE TO _____

_____

LET'S DO THIS!

COMPLETED DATE: ___ / ___ / ___

LOCATION: _____

THE BEST PART OF THIS ARE _____

_____

_____

_____

WHAT WE LEARNED _____

_____

_____

_____

NOTE:

96

LIST NAME: _____

TO BE DONE BY: ___ / ___ / ___

WE WANT TO DO IT BECAUSE _____

_____

IN ORDER TO DO THIS WE HAVE TO _____

_____

LET'S DO THIS!

COMPLETED DATE: ___ / ___ / ___

LOCATION: _____

THE BEST PART OF THIS ARE _____

_____

_____

_____

WHAT WE LEARNED _____

_____

_____

_____

NOTE:

Made in United States
Troutdale, OR
10/16/2023

13769277R00060